ÉMILE ROUSSEL.

ÉMILE ROUSSEL,

CHEF DE BATAILLON,

COMMANDANT

DU 3ᵉ BATAILLON D'INFANTERIE D'AFRIQUE.

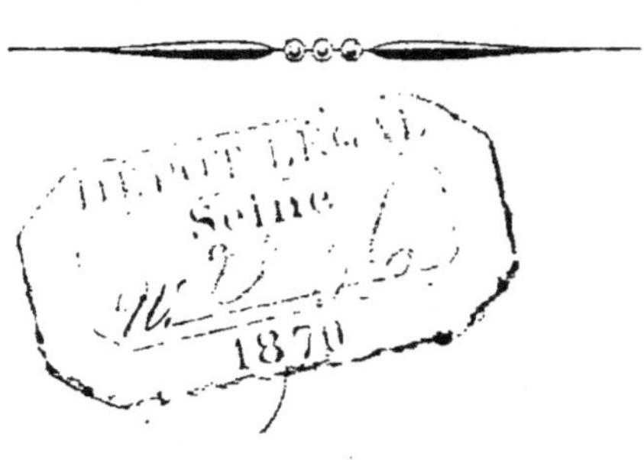

PARIS,

IMPRIMERIE CENTRALE DES CHEMINS DE FER,

A. CHAIX ET Cⁱᵉ

RUE BERGÈRE, 20, PRÈS DU BOULEVARD MONTMARTRE.

1870.

ÉMILE ROUSSEL [1].

Je ne prétends pas écrire un ÉLOGE de mon frère :
— Un ÉLOGE d'ÉMILE !

Son amour, bien connu, de l'ombre et du silence, sa modestie si fière (2), s'en offenseraient.

Je veux seulement recueillir les faits qui ont marqué sa carrière, et les témoignages d'estime qu'il a reçus de ses chefs; ainsi, nos enfants, qui l'ont à peine connu; nous, ses frères, ses parents, tous ceux qui l'ont aimé, nous vivrons encore avec lui, par ces honorables et glorieux souvenirs.

---

(1) ROUSSEL (Émile), fils de Jean-Charles-Alphonse ROUSSEL et d'Élisabeth-Louise-Marie SAUVAGE, né le 21 octobre 1825, à MEULAN (Seine-et-Oise).

(2) Voir l'annexe.

Ses séjours à Meulan exceptés, — à l'époque de ses congés, — séjours pendant lesquels nous avons pu apprécier sa pieuse déférence, son attachement dévoué pour ses parents, sa douceur aimable avec tous, la vie d'Émile est tout entière dans ses états de service.

Il suffit donc de les copier pour suivre Roussel pas à pas, car il a servi régulièrement et sans interruption, depuis le 1er octobre 1847, jour de sa sortie de l'École militaire de Saint-Cyr, jusqu'au 15 aout 1869.

Je vais parcourir ces feuilles.

Sur l'une d'elles, ce qui frappe d'abord et attire l'attention, c'est une longue colonne exempte d'indications, d'annotations, enfin, absolument blanche.

Cette colonne porte en tête :

PUNITIONS.

Ainsi, dans toute cette assez longue carrière, le Saint-Cyrien même n'a pas commis une faute, n'a pas encouru un blâme, n'a pas mérité une punition !

Où ne va-t-on pas avec cette fermeté de marche dans le devoir ; avec cette régularité de vie, de mœurs et de travail, quand on y joint l'application à son état et le courage ?

Aussi, bien qu'il ne demandât rien à la faveur ni à la protection, l'avancement de Roussel, sans être rapide, fut-il toujours normal.

Entré Sous-Lieutenant au 23e régiment d'infanterie légère, le 19 octobre 1847 ; le 13 octobre 1849, il était nommé Lieutenant ;

En 1854, il passe, du *centre*, aux *Carabiniers*.

Le 23ᵉ léger était devenu le 98ᵉ régiment de ligne.

Jusqu'alors, mon frère n'avait pas encore fait la guerre.

Il s'embarque, à Toulon, le 16 juin ; débarque en Grèce, puis, après un séjour de quatre mois à Athènes, part pour la Crimée où, peu de temps après son arrivée, ayant pris une part glorieuse à plusieurs des sanglants combats qui ont amené la prise de Sébastopol, il est nommé successivement :

Capitaine,

Capitaine des *Voltigeurs* du 2ᵉ bataillon de son régiment. — (les 1ᵉʳ janvier et 27 avril 1855) ;

Adjudant-major, le 16 août 1855.

Après deux années de luttes, la guerre de Crimée était terminée ; non sans que la conduite intelligente et valeureuse du Capitaine Roussel fut remarquée, signalée, récompensée.

Il fut cité, le 2 juin 1855, à l'ordre de la 3ᵉ division du 1ᵉʳ corps d'armée d'Orient, pour s'être particulièrement distingué dans le combat du 23 mai précédent. *(Ordre ministériel du 29 octobre 1855.)*

Le 16 avril 1856, il est nommé Chevalier de l'ordre *impérial de la Légion d'honneur* (1).

Embarqué à Kamiesch, avec son régiment, le 4 juin 1856, pour revenir en France, il arrive à Marseille le 22.

---

(1) Par décret impérial du 10 juin 1857, il fut autorisé à accepter et à porter la décoration de l'Ordre ottoman de Medjidié.

Après trois années de repos, le 98e de ligne ,dans lequel Roussel est Adjudant-major au 3e bataillon, s'embarque, à Toulon, le 27 avril 1859 et débarque à Gênes, le lendemain.

Ce bataillon prend part à presque toutes les actions de la brillante campagne d'Italie, et notamment aux batailles de Montebello et de Solférino ; il éprouve des pertes considérables, surtout dans cette dernière et mémorable journée.

« Dans le nombre des blessés, dit le rapport, est le Capitaine Adjudant-major Roussel, atteint d'un coup de feu au pied droit (1). »

Revenu en France, Roussel n'eut plus à s'occuper que de ses fonctions d'Adjudant-major.

Quelques citations, empruntées aux *notes* des Inspecteurs, nous apprennent comment on appréciait et ses services et ses qualités personnelles (2).

« Instruit, capable, zélé, consciencieux ; principes honorables, brillante tenue ; vigoureux à la guerre ; officier d'avenir. »

« 12 juillet 1864.

» Je n'ai pas encore pu le juger moi-même. J'ai souvent entendu le Colonel le louer de la manière dont il conduisait son bataillon. Il est robuste, d'une excellente santé, monte très-bien à cheval ; sa conduite est parfaite, sa tenue bril-

---

(1) Deux fois son cheval avait été blessé.
(2) RÉSUMÉ DES NOTES, avant son arrivée au 38e de ligne.

lante, son éducation distinguée et son instruction générale étendue ; très-versé dans la connaissance des règlements, il en fait l'application pour lui-même avec une grande régularité. En résumé, M. Roussel est un homme sur lequel on peut compter, qui aime son état, qui l'honore et qui a de l'avenir.

> » Au 38ᵉ de ligne, Lieutenant-Colonel PONSARD. »

> « 12 janvier 1867.

» (1) Je le crois un officier supérieur distingué, ayant un bel avenir.

> » Lieutenant-colonel DE WALDNER FREUNDSTEIN. »

> « 1ᵉʳ juillet 1867.

»..... Depuis son retour de semestre, sert très-bien ; très-bonne tenue, très-bonne conduite, jeune, vigoureux, très-apte au service de guerre, mérite toutes les notes qui précèdent les miennes.

> » Même Lieutenant-Colonel. »

Continuer à citer ces notes serait répéter les mêmes éloges ; toutes redisent ces mots si honorables et si désolants :

OFFICIER AYANT UN BEL AVENIR.

L'AVENIR ! il fut bien court pour mon pauvre frère !

Apprécié ainsi qu'il le méritait, en 1863, il avait été promu Chef de bataillon.

____

(1) Rapport d'un nouveau Lieutenant-Colonel.

Le 27 avril 1869, il fut nommé Commandant du 3e bataillon d'Infanterie légère d'Afrique; ainsi, il devenait Chef de corps : c'était un pas de plus vers le grade supérieur, Lieutenant-Colonel, pour lequel il était proposé.

Cependant il partit avec de tristes pressentiments; le cœur navré de quitter son père souffrant, sa mère âgée...

Ce fut sa dernière étape.

Aussitôt arrivé en Algérie, Roussel avait courageusement pris à cœur la tâche difficile dont il était chargé. Le bataillon, qu'il commandait, est composé d'hommes ayant subi des condamnations disciplinaires : les soldats l'appellent le PURGATOIRE; il y a donc là, pour le chef, un double devoir, *moral* et *militaire*, à accomplir.

Les passages suivants, extraits de l'ORDRE du Général Inspecteur de Laveaucoupet, lu à la troupe après l'inspection, font connaître comment Émile Roussel avait compris sa mission et s'en acquittait :

« Le 3e bataillon d'Infanterie légère d'Afrique a un aspect des plus satisfaisants, sous les armes.

. . . .

» L'instruction pratique est très-bonne, et, bien que composé d'éléments divers, le bataillon manœuvre avec aplomb.

. . . .

» La discipline est bonne; elle est à la fois ferme et paternelle : sévérité, répression rigoureuse et instantanée, pour les fautes graves; indulgence, pour les fautes légères. Les punitions sont un peu moins nombreuses, et quelques hommes sont revenus à une conduite meilleure.

» Le 3e bataillon est très-beau sous les armes, il est très-bien commandé à tous les degrés.

» Le Commandant de ce corps a déjà obtenu de très-bons résultats, il continuera son œuvre, et, sous sa main prudente et énergique, les Chasseurs du 3e bataillon feront oublier un passé fâcheux et joindront, à la vigueur militaire, dont ils font preuve, une conduite honorable et une bonne discipline.

. . . .

» Le Général de division, Inspecteur-général,

» DE LAVEAUCOUPET.

» Biskra, le 12 juillet 1869 »

Et TRENTE-TROIS jours après cet ORDRE du jour, si honorable pour le Commandant, le 16 AOUT, on lisait AU MÊME BATAILLON, celui-ci :

« Le Commandant Émile Roussel, dont j'ai hier annoncé au bataillon la fin malheureuse, laisse dans le corps d'unanimes regrets.

» Arrivé depuis peu, son court séjour parmi nous a pourtant suffi pour nous faire connaître en lui un caractère bon, simple, et surtout un chef bienveillant.

» A côté de ces qualités qui le faisaient aimer, le Commandant Roussel possédait les solides vertus militaires; sa carrière entière, ses citations en Orient et en Italie, en témoignent d'une manière éclatante.

» Le 3e bataillon d'Afrique avait à sa tête un vaillant soldat.

» Doué d'un tempérament puissant et nouvellement arrivé de France, le climat de Biskra devait lui être fatal : il est mort le 15 août à 4 heures du matin, d'un accès pernicieux.

» Je suis sûr d'être l'interprète de tous, en disant que le 3ᵉ bataillon d'Afrique regrette un chef sous les ordres duquel il était heureux et fier de servir.

» Le Capitaine commandant,

» Cote

» Biskra, le 16 août 1869. »

Aussitôt que l'on connut le déplorable événement, notre famille résolut de faire revenir les restes de ce cher frère parmi nous.

Les démarches nécessaires pour atteindre ce but, faites immédiatement au Ministère de la Guerre et de la Marine, nous permirent de donner cette pieuse satisfaction à notre douleur, et nous trouvâmes une nouvelle consolation dans le dévouement de Monsieur l'abbé Fraissinet, curé de Biskra, qui voulut bien accompagner jusqu'à Meulan l'Officier dont il avait, dans un bien court contact, pu apprécier les excellentes qualités.

Arrivé à Meulan, le jeudi 4 novembre, le cercueil fut déposé à la chapelle de l'Hôtel-Dieu, d'où il partit, le samedi, pour l'Église paroissiale.

Malgré la rigueur de la saison et les difficultés du parcours, le cortége funèbre était nombreux. La ville de Meulan, — s'associant à notre deuil dans ce dernier adieu à un de ses enfants, dont elle voyait avec orgueil le nom grandir — avait voulu montrer l'intérêt, l'affection qu'il avait su inspirer à tous.

Le Corps des SAPEURS-POMPIERS, ayant à sa tête M. DEPRY, son commandant, faisait la haie; la FANFARE de la ville, dirigée par M. Ribault, suivait le corbillard, dont les cordons étaient tenus par MM. :

Cécile, Chef de bataillon au 74e de ligne, Chevalier de l'Ordre impérial de la Légion d'honneur.

Bailly, Conducteur principal des Ponts et Chaussées, Chevalier de l'Ordre impérial de la Légion d'honneur.

Charles Deschamps, Capitaine aux Tirailleurs algériens, Chevalier de la Légion d'honneur ;

Bérat, Sous-Officier, Chevalier de la Légion d'honneur.

Le cortége arrivé au cimetière, M. Lecomte, Notaire, membre du Conseil général du département de Seine-et-Oise, Maire de Meulan, a prononcé sur la tombe quelques paroles touchantes, résumant la carrière si courte, si bien remplie et si honorable du commandant Roussel, témoignagne de sympathie dont notre famille m'a chargé de lui exprimer ici toute notre reconnaissance.

Ainsi que je l'exprime aussi à tous ceux qui ont bien voulu nous accompagner dans cette douloureuse circonstance.

Alphonse ROUSSEL.

Meulan, 5 novembre 1869.

ANNEXE.

—

J'ai parlé de l'extrême modestie de mon frère; en voici une preuve remarquable.

Lorsqu'il quitta Lyon pour l'Algérie, le Général de Golberg, sous les ordres duquel il avait été, lui remit, à sa visite d'adieu, une lettre pour le Général de division Périgot, commandant la province de CONSTANTINE.

EMILE ROUSSEL, à son arrivée en Afrique, se présenta bien chez son Général ; mais il ne lui donna pas la lettre dont il était porteur.

« Elle était trop élogieuse » — m'écrivait-il. La voici ! — nous l'avons trouvée dans ses papiers.

« Lyon, le 7 mars 1869.

» Mon Général,

» . . . .
. . . .
. . . . . . en même temps, mon Général, je vous recommande d'une manière particulière, M. le Commandant ROUSSEL qui, depuis cinq années et demie sert sous mes ordres ; je l'avais connu aussi en Crimée, où il a fait toute la campagne comme adjudant-major, avec la plus grande distinction. C'est en Crimée qu'il a été décoré, qu'il a reçu le MEDJIDIÉ et la médaille de Sardaigne. Depuis deux ans je propose M. Roussel pour LIEUTENANT-COLONEL ; jusqu'à ce jour le tableau ne s'épuisait pas à moitié ; mais cette année, il sera épuisé, et M. Roussel proposé par vous, mon Général, est sûr d'être maintenu, car, dans la campagne d'Italie, il s'est couvert de gloire ; à la bataille de Solférino, il a été blessé.

M. le Commandant Roussel a une tenue remarquable
a une grande dignité dans le commandement, monte su
rieurement à cheval; il est très-capable et instruit. Il
même fâcheux, pour les services que M. Roussel est appel
rendre dans l'armée, qu'il ne soit pas déjà Lieutenant-Colon
M. Roussel ferait un beau et bon Lieutenant-Colonel
zouaves ». . . . .

» Le Général de GOLBERG. »

—

Extrait du JOURNAL DE CONSTANTINE (16 août 186

« ... une nouvelle foudroyante est venue jeter la const
nation dans le 3ᵉ bataillon d'Infanterie légère d'Afrique :
Chef de bataillon commandant, légèrement indisposé dans
journée du 14, est mort subitement à Biskra, pendant
nuit.

» On ne saurait dire l'émotion, la douleur qui ont accue
ce triste événement.

» Arrivé depuis quelques mois seulement au 3ᵉ bataill
M. ROUSSEL avait su, par son commandement ferme et bi
veillant à la fois, se concilier l'affection de ses subordonn
des plus humbles surtout; car ils comprenaient qu'ils avai
en lui un père, bien plutôt qu'un chef, ne partageant
les préjugés de ceux qui, trop souvent, les regardent com
complétement tarés.

» Les chasseurs du 3ᵉ bataillon d'Afrique ont tenu à honn
de prouver qu'ils savent sentir, quand l'occasion s'en présen

» Un grand nombre d'entre eux m'ont prié de me fa
leur interprète auprès de vous, pour que vous vouliez b
insérer cette petite lettre, comme un hommage reconna
sant à la mémoire du COMMANDANT ROUSSEL. »

. . . .

9 782012 462472